IL ÉTAIT UNE FOIS

LES BELLES HISTOIRES DE MES 4 ANS

FLEURUS

Illustration de couverture : Gemma Román

Direction : Guillaume Arnaud
Direction éditoriale : Sarah Malherbe
Édition : Raphaële Glaux, assistée de Bénédicte Brun
Direction artistique : Élisabeth Hebert
Conception graphique : Séverine Roze
Mise en pages : Les PAOistes

Directeur de fabrication : Thierry Dubus
Fabrication : Axelle Hosten

Site : www.fleuruseditions.com
ISBN : 978-2-2151-3177-9
Code MDS : 652 498

« Loi n° 49-956 du 16 juillet 1949 sur les publications destinées à la jeunesse. »

IL ÉTAIT UNE FOIS
LES BELLES
HISTOIRES
DE MES
4 ANS
FLEURUS

Sommaire

Le Petit Chaperon rouge

Il était une fois une jolie petite fille qui vivait avec sa maman dans la forêt. Elle portait toujours une cape rouge. Tout le monde la surnommait le Petit Chaperon rouge.

Un jour, sa maman lui dit :

« Ta grand-mère est malade.

Apporte-lui cette galette et ce petit pot de beurre. »

Le Petit Chaperon rouge prit son panier et s'en alla dans la forêt.

Dans la forêt, le Petit Chaperon rouge rencontra le loup. Le loup demanda de sa grosse voix :
« Bonjour, petite fille, où vas-tu donc ? »
La fillette répondit : « Je vais chez ma grand-mère lui apporter une galette et un petit pot de beurre. »
Hop ! Hop ! Hop ! Le loup, qui connaissait tous les raccourcis de la forêt, courut très très vite et arriva le premier devant la maison de la grand-mère.

Le loup frappa à la porte. Toc ! Toc ! Toc !
« Qui est là ? » demanda la grand-mère.
Le loup répondit avec sa plus petite voix :
« C'est le Petit Chaperon rouge ! »
La grand-mère dit :
« Tire la chevillette et la bobinette cherra. »
Aussitôt, le loup ouvrit la porte et entra dans la maison. Il sauta sur le lit et avala la grand-mère tout rond !
Puis il se glissa dans son lit...

Un peu plus tard, le Petit Chaperon rouge arriva devant la maison. Elle frappa à la porte.
Toc ! Toc ! Toc !
« Qui est là ? » demanda le loup en imitant la voix de la grand-mère.
La fillette répondit : « C'est le Petit Chaperon rouge ! »
Le loup dit :
« Tire la chevillette et la bobinette cherra. »
Le Petit Chaperon rouge entra dans la maison.

Le Petit Chaperon rouge s'approcha du lit.
« Oh ! Grand-Mère,
comme vous avez de grands yeux !
– C'est pour mieux te voir, mon enfant »,
répondit le loup.
Le Petit Chaperon rouge s'approcha encore.
« Oh ! Grand-Mère,
comme vous avez de grandes oreilles !
– C'est pour mieux t'entendre, mon enfant »,
répondit le loup.

Le Petit Chaperon rouge s’approcha encore.
« Oh ! Grand-Mère,
comme vous avez de grandes dents !
– C’est pour mieux… te manger ! » gronda
le loup !
En disant ces mots,
le loup bondit sur le Petit Chaperon rouge
et l’avala tout rond !

Heureusement, un chasseur qui passait par là avait tout entendu ! Il entra, attrapa le loup par les pattes arrière et le secoua dans tous les sens !
Hop ! le Petit Chaperon rouge et sa grand-mère sortirent du ventre du loup.
Elles s'écrièrent : « Merci, monsieur le chasseur ! »
Et le chasseur donna un coup de pied dans les fesses du loup, qui s'enfuit en courant.
On ne le revit plus jamais.

MA PETITE COMPTINE

PROMENONS-NOUS DANS LES BOIS

Prom'nons-nous dans les bois
Pendant que le loup y est pas
Si le loup y était
Il nous mangerait
Mais comme il n'y est pas
Il nous mangera pas

Loup y es-tu ? Entends-tu ?
Que fais-tu ?
Le loup :
– Je mets ma culotte.

Prom'nons-nous dans les bois
Pendant que le loup y est pas
Si le loup y était
Il nous mangerait
Mais comme il n'y est pas
Il nous mangera pas

Loup y es-tu ? Entends-tu ?
Que fais-tu ?

Le loup :
– Je mets mes chaussettes.

Prom'nons-nous dans les bois
Pendant que le loup y est pas
Si le loup y était
Il nous mangerait
Mais comme il n'y est pas
Il nous mangera pas

Loup y es-tu ? Entends-tu ?
Que fais-tu ?
Le loup :
– Je mets ma chemise.

Prom'nons-nous dans les bois
Pendant que le loup y est pas
Si le loup y était
Il nous mangerait
Mais comme il n'y est pas
Il nous mangera pas

Loup y es-tu ? Entends-tu ?
Que fais-tu ?
Le loup :
– C'est bon, j'arrive j'arrive.

Panique au cirque !

Au Cirque des Tulipes, les artistes se préparent pour la représentation du soir. Mais dans sa loge, Kylian, le clown kangourou, est bien embêté.
« Comment vais-je faire ? se lamente-t-il. Où donc mon nez rouge a-t-il bien pu passer ? »

Soudain, il entend son copain Eddy Ouistiti pousser des « Wouhou » et des « Yahou ! ». Kylian se précipite sous le chapiteau. Lorsqu'il lève le museau, Eddy s'agite au-dessus de lui. Le prince des airs saute avec agilité de trapèze en trapèze. Ça alors ! Une petite tache rouge se balance avec lui ! Kylian est

prêt à parier que son copain lui a chipé son nez !
« Descends de là tout de suite ! » crie le kangourou de toute sa voix.
Eddy saute sur la piste. Malheureusement, Kylian s'est trompé : son ami porte simplement une culotte à pois rouges.

Des notes de musique se mettent alors à résonner. Elles viennent de la roulotte de Perla Perruche. Kylian se hausse sur la pointe des pieds pour l'espionner par la fenêtre. Entre son lit et son divan, la funambule a installé une corde pour danser. Comme c'est bizarre… Elle tient dans le bec quelque chose de rouge ! Ce pourrait bien être son nez ! Rouge de colère, Kylian toque à la porte de la roulotte. La jolie Perla vient lui ouvrir, mais Kylian s'est encore trompé : c'est une rose qu'elle tient dans le bec.

À peine Perla est-elle retournée danser que Kylian entend derrière lui les « Abracadabri, abracadabra » de Simon Caméléon, son copain le magicien. Quand il se retourne, il n'en croit pas ses yeux : Simon est rouge de la tête aux pieds et, lorsqu'il bouge d'un pas, il redevient tout vert ! Cette fois, Kylian en est sûr et certain ! C'est Simon qui a volé son nez !
« Pousse-toi ! » ordonne le kangourou au caméléon. Pourtant, lorsque Simon fait un pas de côté, Kylian ne trouve qu'une chaussette rouge.

Tout seul dans son coin, le clown kangourou est bien malheureux. Ses copains viennent le consoler.
« Ne t'inquiète pas ! le rassure Eddy. On va t'aider à retrouver ton nez ! »
Kylian, Eddy, Perla et Simon cherchent le nez rouge partout. Hélas, à cinq minutes du spectacle, ils ne l'ont toujours pas retrouvé !

« Tu sais, tu peux faire rire même sans ton nez ! »
le console Eddy.
Kylian est soulagé. C'est vrai, il a perdu son nez,
mais il a vraiment des amis formidables.

Pour les remercier, il plonge ses pattes dans sa poche pour leur offrir les bonbons qu'il lance pendant son spectacle. Mais oh ! oh ! Quelle surprise ! L'étourdi avait rangé son nez rouge dans sa poche, au milieu de tous les bonbons !

« Ah ! là, là ! Quel clown tu fais ! » s'écrient ses copains avant de laisser éclater une ribambelle de rires...

MA PETITE COMPTINE

TROIS P'TITS CHATS

1-2-3 trois p'tits chats
Trois vilains petits fripons
L'autre nuit sans un bruit
Sont entrés dans ma maison

Sont allés dans la cuisine
Ont renversé la farine
Ils se sont roulés dedans
Et sont ressortis tout blancs

1-2-3 trois p'tits chats
Trois vilains petits fripons
L'autre nuit sans un bruit
Sont entrés dans ma maison

Déguisés en chevaliers
Se battent à grands coups d'épée
Crèvent tous les oreillers
Et téléphonent aux pompiers

1-2-3 trois p'tits chats
Trois vilains petits fripons
L'autre nuit sans un bruit
Sont entrés dans ma maison

Hop ! les voilà repartis
En un clin d'œil dans la nuit
Et le dernier qui est sorti
A fait pipi sur le tapis

1-2-3 trois p'tits chats
Trois vilains petits fripons
L'autre nuit sans un bruit
Sont entrés dans ma maison

Le Petit Bonhomme de pain d'épice

Il était une fois une grand-mère qui attendait la visite de ses petits-enfants.
« Je vais leur faire un pain d'épice, ils adorent ça ! » dit-elle.
Pour bien les gâter, elle donna à son pain d'épice la forme d'un petit bonhomme.
La grand-mère le mit au four. Peu de temps après, elle s'écria :
« Hmm, ça sent drôlement bon ! Le pain d'épice est cuit ! »
Mais lorsqu'elle ouvrit la porte du four, le petit bonhomme de pain d'épice s'enfuit en courant !
« Je suis le plus rapide, tu ne m'attraperas pas ! » lui cria-t-il.

Suivi de la grand-mère qui lui courait après, le petit bonhomme de pain d'épice sortit très vite dans le jardin, où le grand-père cueillait des roses.
« Attrape ce petit bonhomme de pain d'épice, il s'échappe ! » cria la grand-mère.
d-père se mit lui aussi à poursuivre le petit bonhomme de pain d'épice.
Mais celui-ci courait beaucoup plus vite et il leur cria :
« Je suis le plus rapide ! Vous ne m'attraperez pas ! »
Et il rit.

Le petit bonhomme de pain d'épice courait,
suivi de la grand-mère et du grand-père.
Une vache les aperçut :
« Meuh, arrête-toi donc ! meugla-t-elle au petit bonhomme de pain d'épice. Tu vas épuiser ces pauvres gens !
– Tu n'as qu'à essayer de m'attraper ! » répondit-il.
La vache se mit à son tour à poursuivre le petit bonhomme de pain d'épice.
Mais celui-ci courait encore plus vite, et il cria :
« Je suis le plus rapide ! Vous ne m'attraperez pas ! »
Et il rit.

Le petit bonhomme de pain d'épice courait toujours, suivi de la grand-mère, du grand-père et de la vache. Il passa devant un grand cheval et lui dit :
« Toi qui es si grand, tu dois galoper bien vite ! Essaie donc de m'attraper ! »
Le cheval, qui était très fier, se mit aussitôt à sa poursuite. Mais le petit bonhomme de pain d'épice courait très vite, et il cria à tous ceux qui le suivaient :
« Je suis le plus rapide ! Vous ne m'attraperez pas ! »
Et il rit.

Le petit bonhomme de pain d'épice, suivi
de la grand-mère, du grand-père, de la vache
et du cheval, croisa un renard.
« Hmm, ce petit bonhomme de pain d'épice
m'a l'air bien appétissant, chuchota le renard.
– Essaie donc de m'attraper, toi aussi ! »
lui lança le petit bonhomme de pain d'épice.
Rusé, le renard répondit :
« Pourquoi essaierais-je de t'attraper ?
J'ai mieux à faire que ces gens-là. »
Et il resta assis dans l'herbe.

Un peu plus loin, le petit bonhomme de pain d'épice
aperçut une rivière. Mais il ne pouvait pas nager,
la grand-mère le rattraperait !
Le renard arriva et lui proposa son aide :
« Grimpe sur mon dos et je te ferai traverser.
Vite, avant qu'ils ne t'attrapent ! »
Le petit bonhomme de pain d'épice accepta,
et le renard commença à nager.

Au milieu de la rivière, l'eau était très profonde.
« Grimpe sur ma tête ou tu vas te noyer », conseilla le renard.
Le petit bonhomme de pain d'épice grimpa sur la tête du renard.
« Maintenant, viens sur mon nez pour que je puisse te déposer », conseilla le renard.
Le petit bonhomme de pain d'épice glissa sur le nez du renard.
Mais, ni une ni deux, le renard le fit sauter de son nez et le goba tout rond ! Après cela, plus personne n'entendit parler du petit bonhomme de pain d'épice.

MA PETITE COMPTINE

JEAN DE LA LUNE

Par une tiède nuit de printemps,
Il y a bien de cela cent ans
Que sous un brin de persil sans bruit
Tout menu naquit
Jean de la Lune, Jean de la Lune !

Il était gros comme un champignon
Frêle, délicat, petit, mignon
Et jaune et vert comme un perroquet
Avait bon caquet,
Jean de la Lune, Jean de la Lune !

Pour canne, il avait un cure-dents
Clignait de l'œil, marchait en boitant
Et demeurait en toute saison
Dans un potiron
Jean de la Lune, Jean de la Lune !

On le voyait passer quelquefois
Dans un coupé grand comme une noix
Et que le long des sentiers fleuris
Traînaient deux souris
Jean de la Lune, Jean de la Lune !

Quand il se risquait à travers bois
De loin, de près, de tous les endroits
Merles, bouvreuils sur leur mirliton
Répétaient en rond
Jean de la Lune, Jean de la Lune !

Quand il mourut chacun le pleura
Dans son potiron on l'enterra
Et sur sa tombe l'on écrivit
Sur la croix ci-gît
Jean de la Lune, Jean de la Lune !

Les Graines de rire de Pissenlit

Rien ne va plus dans la clairière des fées ! Chardonia, la sorcière aux cheveux tout hérissés et au menton qui pique, a installé sa vieille bicoque au beau milieu du village. Dès qu'elle met son nez crochu dehors, la sorcière se comporte comme la pire des malpolies. Elle s'amuse même à crier des gros mots rien que pour enquiquiner les fées !

Le soir venu, la situation tourne au cauchemar. Dans sa marmite, la sorcière fait mijoter du jus de pattes de rat. Pouah ! Ça sent mauvais !
« Quelle horrible odeur ! s'écrie la fée Coquelicot.
– Ne t'inquiète pas, la rassure son amie Rose, je m'en occupe ! »
Aussitôt, celle-ci répand son parfum le plus doux et le plus sucré sur toute la clairière. Lorsqu'il arrive aux narines de Chardonia, la sorcière se met à hurler :
« Oh mais que ça pue ! Qui a osé couvrir le doux parfum de mes pattes de rat avec une odeur pire que celle du gâteau au chocolat ? »

C

Chardonia tourne les pages de son grimoire à la recherche d'un sort pour se venger. Nom d'un scarabée aux crottes de nez ! Elle a trouvé ! Grâce à sa potion aux pattes d'araignée et aux langues de serpent, désormais, seules les mauvaises herbes pourront pousser dans la clairière !
Vite, elle se rue sur ses bocaux.
« Adieu, jolis pétales ! Bientôt les mauvaises herbes seront les reines de cette clairière ! » ricane-t-elle.
Dans le village, les fées sont bien tristes.
« Sans fleurs, adieu le bonheur… se désole Coquelicot. La clairière des fées ne sera plus qu'un endroit sinistre… »

Coquelicot et Rose essaient de contrer le mauvais sort de Chardonia. Hélas ! Les mauvaises herbes ont déjà recouvert le bois de leurs baguettes et les deux fées ne peuvent plus rien faire ! Depuis sa fenêtre, Pissenlit, la plus petite fée du village, voit le ciel de la clairière s'assombrir. Elle sort de sa maison. Aussi blonde que le soleil, Pissenlit est un vrai petit clown qui a le don de faire apparaître des petites graines dorées, aussi légères que des bulles, aussi douces que des plumes. La petite fée blonde sème des graines de rire.

Dès qu'elles la voient, Rose et Coquelicot ne peuvent s'empêcher d'esquisser un sourire. Et Pissenlit commence son numéro. Elle enchaîne les blagues et les grimaces. Bientôt, les grandes fées rient à gorge déployée. Petit à petit, les mauvaises herbes se ratatinent, et les graines de rire se transforment en belles fleurs de rire : Pissenlit a alors une idée.

Elle gonfle les joues et souffle de toutes ses forces sur les fleurs. Très vite, Chardonia se retrouve entourée de pétales dorés de bonheur.
La sorcière hurle :
« Argh ! Quelle horreur ! Je ne remettrai jamais plus mes pieds pleins de verrues dans ce trou perdu ! »
Et c'est dans la bonne humeur que la clairière des fées fut débarrassée d'une bien méchante sorcière…

MA PETITE COMPTINE

AH ! MON BEAU CHÂTEAU !

Ah ! Mon beau château !
Ma tant', tire, lire, lire
Ah ! Mon beau château !
Ma tant', tire, lire, lo.

Le nôtre est plus beau,
Ma tant', tire, lire, lire
Le nôtre est plus beau,
Ma tant', tire, lire, lo.

Nous le détruirons,
Ma tant', tire, lire, lire
Nous le détruirons,
Ma tant', tire, lire, lo.

Comment ferez-vous ?
Ma tant', tire, lire, lire
Comment ferez-vous ?
Ma tant', tire, lire, lo.

Nous prendrons vos filles.
Ma tant', tire, lire, lire
Nous prendrons vos filles
Ma tant', tire, lire, lo.

Laquell' prendrez-vous,
Ma tant', tire, lire, lire
Laquell' prendrez-vous,
Ma tant', tire, lire, lo ?

Celle que voici,
Ma tant', tire, lire, lire
Celle que voici,
Ma tant', tire, lire, lo.

Que lui donn'rez-vous,
Ma tant', tire, lire, lire
Que lui donn'rez-vous,
Ma tant', tire, lire, lo ?

De jolis bijoux,
Ma tant', tire, lire, lire
De jolis bijoux,
Ma tant', tire, lire, lo.

Nous n'en voulons pas,
Ma tant', tire, lire, lire
Nous n'en voulons pas,
Ma tant', tire, lire, lo.

Il était une fois un couple de bûcherons qui vivait avec leurs sept petits garçons. Comme le dernier était tout petit, tout riquiqui, et pas plus gros qu'un pouce, on l'appelait le Petit Poucet.
Hélas, les parents, très pauvres, ne pouvaient plus nourrir leurs enfants.
« Demain, nous les abandonnerons dans la forêt », se dirent les parents en pleurant.
Heureusement, le Petit Poucet avait tout entendu. Alors, il cacha dans ses poches des miettes de pain.

Le lendemain, la famille alla dans la forêt. Le Petit Poucet sema les miettes sur le chemin. Pas question de se perdre !

Pendant que les enfants jouaient, les parents s'enfuirent sans un bruit.

« Où sont nos parents ? Où sont nos parents ? s'écrièrent les enfants en pleurant.

– Séchez vos larmes et suivez-moi ! » dit le Petit Poucet.

Le Petit Poucet chercha les miettes de pain. Mais, hélas, elles avaient disparu ! Les oiseaux les avaient toutes mangées !

Les sept enfants errèrent dans la forêt. Soudain, à la nuit tombée, ils aperçurent une maison. Ils frappèrent à la porte. C'était la maison de l'ogre !
« Entrez, les enfants, dit l'ogresse. Et cachez-vous ! Ainsi mon mari ne vous trouvera pas. »
Mais l'ogre avait du flair.
« Miam, ça sent la chair fraîche ! » dit-il en rentrant chez lui. Et il trouva les enfants derrière le fauteuil !
Il allait les gober tout rond, quand sa femme s'écria :
« Vous avez déjà mangé ce soir ! Vous les mangerez demain.
– Tu as raison », grogna l'ogre.

Tout le monde alla se coucher. Les sept petites filles de l'ogre, une couronne d'or sur la tête, dormaient dans un grand lit. Les sept garçons se couchèrent dans le lit d'à côté.

Dans la nuit, le Petit Poucet échangea les couronnes des ogresses contre les bonnets de ses frères.

Ouf, il avait bien fait, car l'ogre se réveilla et entra dans la chambre.

Il toucha les bonnets sur la tête de ses filles et crut qu'il s'agissait du Petit Poucet et de ses frères.

1, 2, 3, 4, 5, 6, 7… L'ogre avala ses sept filles d'un coup et alla se recoucher.

« Vite, levez-vous », chuchota le Petit Poucet à ses frères.
Et ils s'enfuirent dans la forêt.
Quand l'ogre se réveilla, il se mit très en colère.
Il chaussa ses bottes magiques de sept lieues et poursuivit les enfants en sautant de colline en colline.
Boum, boum, le sol tremblait sous ses pas !
Les enfants se cachèrent sous un rocher.
L'ogre, fatigué, se coucha près d'eux sans les voir et, ron pchi, il se mit à ronfler.
Alors, le Petit Poucet enleva les bottes de l'ogre, doucement, pour ne pas le réveiller.

Le Petit Poucet chaussa les bottes magiques de sept lieues et courut chez l'ogresse.
« Des voleurs retiennent votre mari, lui raconta-t-il. Pour le libérer, il faut leur donner tout son or. »
Alors, l'ogresse, pour sauver son époux, donna tout ce qu'elle avait au Petit Poucet.
Le Petit Poucet revint chez lui avec l'or et ses frères.
Grâce à lui, la famille ne fut plus jamais pauvre, et leurs parents furent heureux de pouvoir garder leurs enfants avec eux.

MA JOLIE CHANSON

IL PLEUT BERGÈRE

Il pleut, il pleut bergère
Rentre tes blancs moutons
Allons sous ma chaumière
Bergère, vite allons
J'entends sous le feuillage
L'eau qui tombe à grand bruit.
Voici venir l'orage,
Voici l'éclair qui luit.

Entends-tu le tonnerre ?
Il roule en approchant.
Prends un abri bergère,
À ma droite en marchant.
Je vois notre cabane.
Et tiens voici venir
Ma mère et ma sœur Anne
Qui vont l'étable ouvrir.

Bonsoir, bonsoir ma mère
Ma sœur Anne bonsoir
J'amène ma bergère
Près de nous pour ce soir.
Va te sécher, ma mie
Auprès de nos tisons
Sœur, fais-lui compagnie
Entrez petits moutons.

Soignons bien, oh ma mère,
Son tant joli troupeau
Donnez plus de litière
À son petit agneau.
C'est fait allons près d'elle
Eh bien donc te voilà
En corset qu'elle est belle
Ma mère voyez-la.

Soupons, prends cette chaise
Tu seras près de moi
Ce flambeau de mélèze
Brûlera devant toi.
Goûte de ce laitage
Mais tu ne manges pas ?
Tu te sens de l'orage,
Il a lassé tes pas.

Eh bien voilà ta couche,
Dors-y bien jusqu'au jour,
Laisse-moi sur ta bouche
Prendre un baiser d'amour.
Ne rougis pas bergère,
Ma mère et moi demain,
Nous irons chez ton père
Lui demander ta main.

Le Loup du Bois-Joli

Il était une fois un petit bois joli, tout propre, tout gai, tout fleuri.
Dans ce bois-ci, la pie ne volait pas, le renard ne mentait pas, le putois sentait bon, les moustiques ne piquaient pas, les corbeaux chantaient juste, les ronces n'avaient pas d'épines, mais surtout, surtout, le loup ne mangeait personne.

Eh oui ! Le loup du Bois-Joli était un loup gentil. Il aidait les petits cochons à construire leur maison.

Il gardait les chevreaux quand leur maman devait aller faire des courses.

Il accompagnait le Petit Chaperon rouge chez sa grand-mère, au cas où elle ferait de mauvaises rencontres dans le Bois-Joli, ce qui était peu probable car tout le monde y était gentil.

Il aidait aussi le petit agneau à s'endormir en comptant les moutons avec lui. Bref, c'était un loup parfaitement gentil.

D'ailleurs, dans le Bois-Joli, personne, au grand jamais, n'avait vu le loup hurler, ou même montrer ses crocs. Il s'était un tout petit peu énervé juste une fois, quand un des chevreaux lui avait tiré un poil du nez. Il avait froncé les sourcils, mis les pattes sur les hanches et déclaré, d'une voix pas très forte :
« Dis donc, petit, ce que tu as fait n'est vraiment pas très gentil. »
Le chevreau avait immédiatement présenté ses excuses, et l'affaire s'était terminée ainsi, sans bruit. Le loup n'avait même pas voulu que le petit farceur soit puni.

Parfois les animaux lui disaient :
« Hé loup, fais-nous peur ! Fais-nous un vrai cri de vrai loup qui donne la chair de poule à des kilomètres à la ronde. »

Alors le loup prenait une grande inspiration, faisait
rouler ses yeux, hérissait ses poils et criait :
« Hi ! »
Un tout petit cri de rien du tout sortait de sa gueule,
n'effrayait personne et faisait rire tout
le monde, tant il était ridicule.
« Décidément, disait le loup, je ne suis vraiment
pas un grand méchant loup ! »

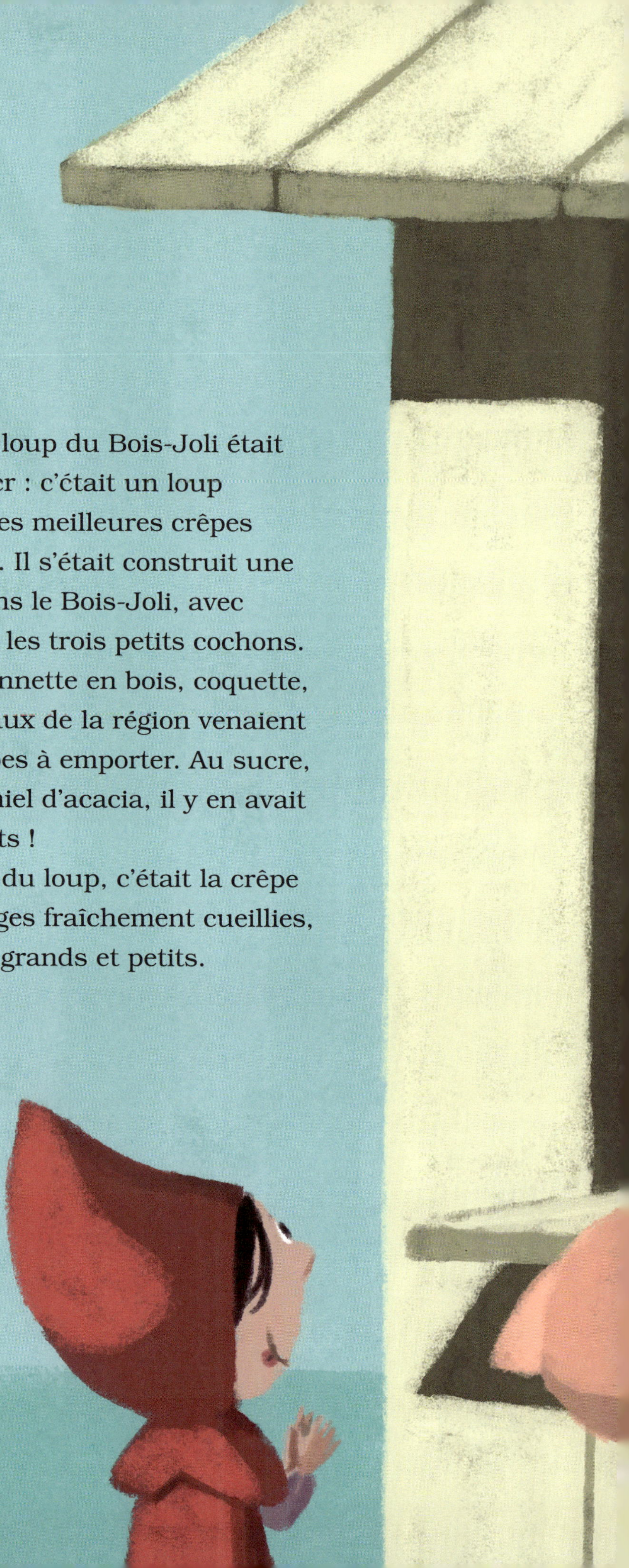

Il faut dire que le loup du Bois-Joli était un loup particulier : c'était un loup crêpier. Il faisait les meilleures crêpes de toute la région. Il s'était construit une petite bicoque dans le Bois-Joli, avec l'aide de ses amis les trois petits cochons. C'était une maisonnette en bois, coquette, où tous les animaux de la région venaient chercher des crêpes à emporter. Au sucre, au chocolat, au miel d'acacia, il y en avait pour tous les goûts !
Mais la spécialité du loup, c'était la crêpe aux mûres sauvages fraîchement cueillies, qui faisait saliver grands et petits.

Mais voici qu'un jour une horrible nouvelle parvint aux oreilles des habitants du Bois-Joli. Une bête noire, énorme, vorace et velue descendait de sa montagne. Elle était haute comme trois chênes, large comme dix vaches et terrible comme vingt loups.
« J'ai faim », criait-elle de sa voix terrible.
Et l'écho répétait son cri à l'infini, faisant trembler bêtes et plantes à des kilomètres à la ronde.

Elle avait déjà englouti tous les fruits de deux vergers, mangé toutes les baies de trois forêts et vidé tous les garde-mangers de quatre villages entiers. Sans être rassasiée. Tous fuyaient, de peur d'être à leur tour mangés.

Les animaux coururent chez le loup :
« Il n'y a que toi qui puisses faire quelque chose.
Sauve-nous, le loup !
– Mais enfin ! Vous savez bien que je n'effraie personne !
– Il va falloir que tu fasses semblant, que tu te rendes terrifiant !
– Mais chaque fois que j'essaie, je vous fais rigoler !
– Eh bien, essaie encore ! Peut-être vas-tu finir par y arriver ! »
Le loup voulut bien essayer. C'était un loup gentil, il voulait faire plaisir à ses amis.
Au crépuscule, il s'installa dans la clairière et hurla toute la nuit. Mais son hurlement était si joli qu'il berça les petits agneaux qui s'endormirent paisiblement. Non, décidément, le loup du Bois-Joli n'avait rien de terrifiant.

Le lendemain, on entendit le sol trembler. La bête arrivait ! Tous les animaux coururent se cacher : les petits cochons dans leur maison, les lapins dans leur terrier, les oiseaux dans les arbres, le Petit Chaperon rouge sous le lit de sa grand-mère. Le loup, quant à lui, se recroquevilla dans sa crêperie.

Mais bientôt la bête fut là : elle était effectivement immense, gigantesque, menaçante. À sa ceinture pendaient de gros quartiers de viande.
Elle poussa un hurlement terrible et cria :
« J'ai faim ! »

Elle s'arrêta devant la crêperie :
« Ça sent bon par ici ! dit-elle de sa voix terrifiante.
– Merci, répondit le loup qui, en plus d'être gentil, était extrêmement poli.
– Ça sent la chair fraîche, le lapin, le cochon, le chevreau et même le Petit Chaperon rouge !
– Ah non, vous vous trompez ! Ça sent la crêpe, ici !
– La crêpe ? Qu'est-ce que c'est que ce machin-là ? Moi, je ne connais que l'odeur de la viande…
– Comment ! s'exclama le loup. Vous n'avez jamais mangé de crêpe de votre vie ? Mais c'est impossible ! Il faut que vous en goûtiez une immédiatement ! Installez-vous ici ! »

Crêperie
du
Bois Joli

La bête obéit et s'assit près de la table de pique-nique. Le loup, qui tremblait un peu, prépara une première crêpe :
« Crêpe au sucre ! » annonça-t-il.
La bête n'en fit qu'une bouchée.
« Pas mal ! Mais un peu fade !
– Fade ? Alors goûtez-moi ça ! »
Et le loup servit une crêpe au chocolat.
« Mieux. Mais pas encore assez savoureux !
– Pas assez savoureux ? Bon, je sais ce qu'il vous faut ! Vous m'en direz des nouvelles ! »

Le loup servit alors à la bête sa crêpe spéciale aux mûres sauvages fraîchement cueillies. La bête renifla, croqua, avala, reprit une bouchée, dévora, et en recommanda une autre.

« Je veux bien vous faire une autre crêpe, dit le loup, mais à une seule condition : que vous laissiez en paix tous les habitants du Bois-Joli.

– C'est d'accord, dit la bête. Désormais, je ne mangerai plus que vos crêpes. »

Et c'est ainsi que le loup gentil sauva tous les habitants du Bois-Joli, pas avec ses crocs ou sa fureur, mais grâce à ses crêpes, pardi !

MA PETITE COMPTINE

NOUS N'IRONS PLUS AU BOIS

Nous n'irons plus au bois,
Les lauriers sont coupés,
La belle que voilà
Ira les ramasser

REFRAIN
Entrez dans la danse,
Voyez, comme on danse,
Sautez, dansez,
Embrassez qui vous voudrez.

La belle que voilà
Ira les ramasser,
Mais les lauriers du bois,
Les lairons-nous couper ?

REFRAIN

Non chacune à son tour
Ira les ramasser.
Si la cigale y dort
Il n'faut pas la blesser.

REFRAIN

Le chant du rossignol
Viendra la réveiller.
Et aussi la fauvette
Avec son doux gosier.

REFRAIN

Et Jeanne la bergère
Avec son blanc panier.
Allant cueillir la fraise
Et la fleur d'églantier.

REFRAIN

Cigale, ma cigale,
Allons, il faut chanter.
Car les lauriers du bois
Sont déjà repoussés.

Les Trois Petits Cochons

Il était une fois trois petits cochons qui vivaient avec leur maman dans une jolie maison. Un jour, elle dit à ses enfants :
« Vous êtes grands maintenant. Vous devez partir et construire votre propre maison. »
Les trois petits cochons préparèrent un baluchon, embrassèrent leur maman et s'en allèrent.
Le premier petit cochon s'installa près d'un champ.
« Je vais construire une jolie maison de paille ! » s'écria-t-il.
Le deuxième petit cochon s'installa près d'une forêt.
« Je vais construire une jolie maison de bois ! » s'écria-t-il.
Le troisième petit cochon s'installa sur une colline.
« Je vais construire une solide maison de brique ! » s'écria-t-il.
Et tous les trois se mirent à l'ouvrage.

Les petits cochons couraient, sautaient
et dansaient, tout contents d'avoir construit
leur maison.
Soudain, le loup les aperçut.
« Miam ! Comme ces petits cochons ont l'air
tendres ! Lequel mangerai-je en premier ?
se demanda le loup en se léchant les babines.
Peut-être le petit cochon qui habite dans
la maison de paille ! »

Le loup frappa à la porte de la maison de paille
du premier petit cochon.
« Gentil petit cochon, je peux entrer ?
– Non, vilain loup, va-t'en ! s'écria le petit cochon, effrayé.
– Alors, je vais souffler, souffler, et ta maison s'envolera ! »
Le loup gonfla ses joues, souffla, souffla,
et la maison de paille s'envola.
« Au secours ! » cria le petit cochon, et il courut
vers la maison de bois de son frère.

Bientôt, le loup frappa à la porte de la maison de bois du deuxième petit cochon.
« Gentils petits cochons, je peux entrer ?
– Non, vilain loup, va-t'en ! s'écrièrent les deux frères, effrayés.
– Alors, je vais souffler, souffler, et votre maison s'envolera ! »
Le loup gonfla ses joues, souffla, souffla, et la maison de bois s'envola.
« Au secours ! » crièrent les petits cochons, et ils coururent vers la maison de brique de leur frère.

Bientôt, le loup frappa à la porte de la maison de brique du troisième petit cochon.
« Gentils petits cochons, je peux entrer ?
– Non, vilain loup, va-t'en ! s'écrièrent les trois frères, effrayés.
– Alors, je vais souffler, souffler, et votre maison s'envolera ! »
Le loup gonfla ses joues, souffla, souffla, souffla...
Mais cette fois-ci, il ne réussit pas à renverser la maison de brique. Elle était trop solide !

Le loup était tout rouge de colère. Il s'en alla chercher une échelle.
« Je passerai par la cheminée ! » cria le loup.
Alors les petits cochons allumèrent un grand feu dans la cheminée et y posèrent un chaudron rempli d'eau.
Quand le loup descendit par la cheminée, il tomba dans le chaudron bouillant et se brûla le derrière.
Il repartit bien vite par la cheminée en criant de douleur et les petits cochons n'entendirent plus jamais parler de lui.

MA PETITE COMPTINE

ALOUETTE

Alouette, gentille alouette, alouette, je te plumerai
Je te plumerai la tête, je te plumerai la tête
Et la tête et la tête, alouette, haaa

Alouette, gentille alouette, alouette je te plumerai
Je te plumerai le bec, je te plumerai le bec
Et le bec et le bec, et la tête et la tête, alouette, haaa

Alouette, gentille alouette, alouette je te plumerai
Je te plumerai le cou, je te plumerai le cou
Et le cou et le cou, et le bec et le bec, et la tête
et la tête, alouette, haaa

Alouette, gentille alouette, alouette je te plumerai
Je te plumerai le dos, je te plumerai le dos
Et le dos et le dos, et le cou et le cou, et le bec
et le bec, et la tête et la tête, alouette, haaa

Alouette, gentille alouette, alouette je te plumerai
Je te plumerai la queue, je te plumerai la queue
Et la queue et la queue, et le dos et le dos, et le cou
et le cou, et le bec et le bec, et la tête et la tête,
alouette, haaaa

Compétition au potager

Quelle agitation dans le potager ! C'est le printemps et la reine des fourmis a organisé une grande compétition. Les petites bêtes font équipe deux par deux et les vainqueurs gagneront une dégustation en avant-première des premières fraises de l'année.

6

Le mille-pattes, le scarabée, le grillon, la chenille, le gendarme, la musaraigne, le puceron, la souris, la sauterelle et la coccinelle ont déjà leurs équipes et tous sont prêts sur la ligne de départ. Milo l'escargot et Lili la fourmi sont les derniers à arriver.
« Je suis tout mou, soupire Milo, tu devrais choisir un autre coéquipier... »
Mais Lili lui colle un dossard sur le dos :
« Quelle drôle d'idée, c'est toi, mon meilleur copain ! »

3, 2, 1, c'est parti !
La compétition commence par une partie de cache-cache. En un clin d'œil, la coccinelle se cache derrière une brindille tandis que la musaraigne descend dans un trou. Milo, lui, rentre dans sa maison en colimaçon. Hélas, on voit sa coquille entre les brins d'herbe, et les deux amis perdent la partie de cache-cache…

5

6
5

Le but de la deuxième épreuve est de trouver la plus belle miette du jardin. Justement, Lili en repère une craquante à souhait ! Elle appelle son ami, mais celui-ci s'arrête au premier pissenlit croisé ! Très occupé à déguster la fleur jaune, ce gourmand de Milo a complètement oublié le jeu… et le gendarme en profite pour chiper la miette que Lili avait repérée ! Zut ! Une nouvelle fois, Lili et Milo n'ont pas gagné !
Certains participants commencent à se moquer de l'escargot :
« Regardez-moi ce glouton ! murmure la sauterelle. Il n'a vraiment pas sa place dans la compétition !
– Il a même bavé sur les jolis fanions ! » remarque la coccinelle.

Hélas, Milo les entend. Découragé, l'escargot est prêt à jeter son dossard dans les artichauts… Mais Lili encourage son ami : il faut qu'il tente l'épreuve de rapidité ! Allez, courage ! Celui qui arrivera le premier dans la cabane aura gagné ! 3, 2, 1… partez ! Très vite, Milo se retrouve dernier, juste derrière la chenille.
« N'oublie pas ! lui chuchote Lili. L'important, c'est de participer ! Même derniers, nous franchirons la ligne d'arrivée ! »
Quelques secondes plus tard, le grillon et le puceron ont déjà gagné !

5
6
1
4
1

Pourtant, du haut de sa fourmilière, la reine des fourmis n'a d'yeux que pour Milo. Car si l'escargot est lent, sa bave laisse derrière lui de beaux reflets arc-en-ciel... Même la sauterelle et la coccinelle ont arrêté de le critiquer pour l'admirer !
Alors, quand Milo passe enfin la ligne d'arrivée, une pluie d'applaudissements retentit.
« Bravo ! s'écrie la reine des fourmis. C'était le plus beau des spectacles ! »
Et pour le féliciter, elle lui propose de goûter... à la première framboise de l'année !

MA PETITE COMPTINE

À LA PÊCHE AUX MOULES

À la pêche aux moules, moules, moules
Je n'veux plus y aller maman
Les gens de la ville, ville, ville
M'ont pris mon panier maman
Les gens de la ville, ville, ville
M'ont pris mon panier maman

Quand une fois ils vous tiennent, tiennent, tiennent
Sont-ils de bons enfants
Quand une fois ils vous tiennent, tiennent, tiennent
Sont-ils de bons enfants
Ils vous font des petites caresses
Et des petits compliments

À la pêche aux moules, moules, moules
Je n'veux plus y aller maman
Les gens de la ville, ville, ville
M'ont pris mon panier maman
Les gens de la ville, ville, ville
M'ont pris mon panier maman

Quand une fois ils vous tiennent, tiennent, tiennent
Sont-ils de bons enfants
Quand une fois ils vous tiennent, tiennent, tiennent
Sont-ils de bons enfants
Ils vous font des petites caresses
Et des petits compliments

Blanche-Neige

Il était une fois une jolie jeune fille à la peau si blanche qu'elle s'appelait Blanche-Neige.
Un jour, le roi, son père, se remaria.
Sa nouvelle femme était belle, mais elle était aussi très méchante et très jalouse.
Chaque jour, la reine interrogeait son miroir magique :
« Ô miroir, mon beau miroir ! Dis-moi qui est la plus belle ! »
Et le miroir lui répondait toujours :
« Ô reine, vous êtes la plus belle du royaume ! »
Mais un jour, quand la reine demanda à son miroir magique :
« Ô miroir, mon beau miroir ! Dis-moi qui est la plus belle ! », le miroir lui répondit :
« Ô reine, vous êtes très belle, mais Blanche-Neige est la plus belle du royaume ! »

Alors, la reine jalouse fit abandonner Blanche-Neige au fond des bois !
Les animaux sauvages la croqueraient !
Effrayée, Blanche-Neige marcha longtemps dans la nuit.
Soudain, elle se retrouva devant une maisonnette dans une clairière.
En entrant, Blanche-Neige découvrit sept petites assiettes, sept petites chaises et sept petits lits.
Très fatiguée, elle décida, après avoir bien mangé, d'aller se coucher.

Sept nains arrivèrent au beau milieu de la nuit.
Ils revenaient de leur travail à la mine.
« Quelqu'un a mangé dans mon assiette ! » rouspéta l'un d'eux.
« Quelqu'un a bu dans mon verre ! » s'écria un autre.

Les sept nains montèrent à l'étage. Et là, que virent-ils ?
Une jolie jeune fille qui dormait paisiblement.
En se réveillant, Blanche-Neige leur raconta ses malheurs.
Les nains lui proposèrent alors de rester chez eux.

Pendant ce temps, la méchante reine questionna de nouveau son miroir magique : « Ô miroir, mon beau miroir ! Dis-moi qui est la plus belle ! »

Et le miroir magique répondit :
« Ô reine, vous êtes très belle, mais Blanche-Neige est la plus belle du royaume ! »
La reine se mit très en colère.
Elle empoisonna une pomme, puis elle se déguisa en vieille paysanne, et en route chez les sept nains !

Quand la vilaine reine vit Blanche-Neige,
elle lui dit :
« Hin, hin, hin, laisse-moi t'offrir cette pomme,
jolie petite fille. »
Blanche-Neige répondit :
« Miam, cette pomme a l'air délicieuse ! » et elle
croqua dans le fruit.
Et pouf ! la jeune fille tomba dans un profond
sommeil !

La reine partit en ricanant :
« Ha, ha, ha ! Blanche-Neige n'est plus ! Je suis la plus belle ! »

Quand les sept nains découvrirent leur amie endormie pour toujours, ils furent très tristes ! Alors, ils la couchèrent sur un lit de fleurs afin de pouvoir toujours la regarder.

Un jour, un prince charmant vit Blanche-Neige.
Qu'elle était belle ! Il tomba amoureux d'elle,
l'embrassa et elle se réveilla !
Depuis, Blanche-Neige est la plus belle du royaume.
Bien fait pour la vilaine reine !

MA PETITE COMPTINE

LA MÈRE MICHEL

C'est la mère Michel qui a perdu son chat,
Qui crie par la fenêtre à qui le lui rendra.
C'est le père Lustucru qui lui a répondu :
Mais non la mère Michel vot' chat n'est pas perdu.

Sur l'air du tra la la la
Sur l'air du tra la la la
Sur l'air du tra dé ri dé ra, et tra la la

C'est la mère Michel qui lui a demandé :
Mon chat n'est pas perdu, vous l'avez donc trouvé ?
C'est le père Lustucru qui lui a répondu :
Donnez une récompense, il vous sera rendu.

Sur l'air du tra la la la
Sur l'air du tra la la la
Sur l'air du tra dé ri dé ra, et tra la la

Et la mère Michel lui dit : C'est décidé
Si vous m'rendez mon chat, vous aurez un baiser.
Et le père Lustucru qui n'en a pas voulu,
Lui dit : Pour un lapin votre chat est vendu.

ATCHOUM
AGIAGLA!!
PÔLE NORD

Sur la falaise la plus froide du pôle Nord, au royaume d'Aglagla, le roi Pingouin Ier a invité la fée Rosée à être la marraine de son futur bébé. Mais depuis son arrivée, la fée est complètement frigorifiée. Toute la journée, on l'entend éternuer en claquant des dents : « Atchoum Aglagla ! »

Pingouin Ier commence à s'inquiéter. La princesse ne va pas tarder à sortir de son œuf… Il ne faudrait quand même pas que la fée la baptise « Atchoum Aglagla » !

Pour réchauffer la fée, le roi la fait couvrir d'un manteau en laine de mouton, mais un glaçon lui pend toujours au menton. Il lui offre une écharpe en laine de brebis, mais son nez est toujours rouge rubis. Il lui prête même un bonnet en laine de lama, mais marraine la fée ne supporte toujours pas le froid. Les doigts gelés, elle tourne les pages de son grimoire :

« Ça y est, j'ai trouvé ! s'écrie-t-elle. Seul un poil de yéti pourra me réchauffer ! »

YÉTI

Le roi recherche alors un volontaire pour sa grande mission royale. Hélas ! Dès qu'il prononce le mot « yéti »... Pouf ! Plus personne devant lui ! Seul Petit Pingouin, le pingouin le plus rêveur du pays, est encore là. Lui ne sait pas ce qu'est un yéti. La maîtresse le lui a pourtant expliqué mais, comme toujours, son esprit a préféré s'envoler et vagabonder.

Ravi de partir en voyage, Petit Pingouin saute dans une montgolfière et monte dans les airs.
Il survole la Laponie et aperçoit l'atelier du Père Noël.
Dehors, les rennes admirent une aurore boréale.
Puis, dans le ciel de Moscou, il entend les notes d'un vieil ours qui joue de l'harmonica. Sur la patinoire, les ours de la place Rouge font des pirouettes en rythme sans faire tomber leur chapka.

Lorsqu'il se pose enfin sur l'Himalaya, Petit Pingouin arrive devant la grotte du yéti. Dans la neige, les empreintes de pas font la taille de trois igloos ! Pourtant, après un si beau voyage, Petit Pingouin a encore la tête dans les étoiles : il sait qu'avec un peu de poésie il peut se sortir des griffes du yéti.
« Qui est là ? demande soudain le yéti d'une voix tout endormie.

– As-tu déjà vu un drôle d'oiseau comme moi ? demande Petit Pingouin.
– Bien sûr que non ! Foi de yéti en pyjama !
– C'est parce que je n'existe pas : je suis un rêve. Donne-moi un de tes poils et ton rêve se poursuivra dans un pays qui ne connaît pas le froid !
– Un rêve sous les tropiques ? Ce serait fantastique ! » sourit le yéti.
L'énorme créature arrache alors son plus long poil et retourne vite se blottir sous ses draps.

Quelques heures plus tard, Petit Pingouin est déjà de retour au royaume d'Aglagla. Lorsqu'il tend le poil de yéti à la fée, comme par magie, son nez redevient tout rose ! Le roi est rassuré : la fée cesse enfin d'éternuer !

Et à ton avis, quand la petite princesse pingouin est sortie de son œuf, comment sa marraine l'a-t-elle prénommée ? Aglagla… Aglagla… Aglaé !

AGLAGLA!! AGLAGLA!!

MA PETITE COMPTINE

DANSONS LA CAPUCINE

Dansons la capucine
Y a pas de pain chez nous
Y en a chez la voisine
Mais ce n'est pas pour nous
You ! les petits cailoux

Dansons la capucine
Y a pas de vin chez nous
Y en a chez la voisine
Mais ce n'est pas pour nous
You ! les petits cailoux

Dansons la capucine
Y a pas de feu chez nous
Y en a chez la voisine
Mais ce n'est pas pour nous
You ! les petits cailoux

Dansons la capucine
Y a du plaisir chez nous
On pleure chez la voisine
On rit toujours chez nous
You ! les petits cailoux

Ce matin, à la ferme, Yvette la poulette couve avec amour ses trois œufs. Jamais elle n'en a eu d'aussi beaux : ils sont ronds et d'une belle couleur rose bonbon. Soudain, son ventre se met à gargouiller : la poulette a faim. Du bout des pattes, sans faire bouger le moindre brin de paille, Yvette se lève. Elle va vite picorer quelques grains de maïs sur le chemin. Puis, quand elle a fini de manger, elle prend deux minutes pour aller faire un petit pipi.

Hélas ! Lorsqu'elle revient auprès de son nid,
la paille est tout éparpillée et ses œufs ont disparu !
Yvette se précipite au champ pour interroger
son amie Pâquerette.
« Mes œufs ont disparu ! s'écrie Yvette, essoufflée.
Les as-tu vus ?
– Meuhhh non ! lui répond la vachette. Avec
ce soleil, je ne vois même plus les trains passer.
Va demander à Pipinette, elle a de bonnes lunettes ! »

Yvette court interroger sa copine la lapine :
« Pipinette, mes œufs ont disparu, les as-tu vus ?
– Des œufs ? s'étonne Pipinette. Regarde autour de toi ! Moi, je ne vois que des lapereaux à gogo ! Et je dois tous les surveiller ! Va demander à Achille, ses journées sont bien plus tranquilles ! »

Yvette se rend à l'écurie où elle retrouve l'âne en plein roupillon. Ses longues oreilles lui tombent sur les yeux. Yvette en soulève une, puis l'autre. Pourtant, Achille ne bouge pas d'un cil. La poulette le chatouille alors du bout du bec, mais il n'y a rien à faire : l'âne dort à poings fermés.
Elle décide alors de se rendre à l'étang. Là, Rosine, la truie, prend un bain de boue.
« Mes œufs ont disparu ! Les as-tu vus ? demande Yvette.
– Désolée, je n'ai rien vu ! J'étais trop occupée à surveiller mes petits : ils n'ont pas arrêté de courir de la matinée. Mais eux auront peut-être une idée ! »

Quand Yvette et Rosine arrivent devant la cabane des petits cochons, une surprise les attend : les petits filous sont en train de compter une montagne d'œufs, de toutes les couleurs.
« Que font tous ces œufs ici ? s'étonne Rosine.
– Ce sont nos œufs en chocolat ! s'exclame Sam.
– Mais oui ! C'est Pâques aujourd'hui ! ajoute Tom, tout excité.
– Les cloches ont sonné pendant que le coq chantait ! » s'écrie Tim.

Soudain, on entend trois petits bruits. Ça fait d'abord « toc toc toc ! », puis « cric crac croc ! ». Ça alors ! Les petits cochons avaient pris les œufs d'Yvette pour des œufs de Pâques !
Et qui voilà ? Trois petits poussins pressés d'aller s'amuser.
« Bienvenue à la ferme ! » les accueillent Yvette et les cochons.

MA PETITE COMPTINE

À LA VOLETTE

Mon petit oiseau
A pris sa volée
Mon petit oiseau
A pris sa volée
A pris sa
À la volette
A pris sa
À la volette
A pris sa volée

Il s'est appuyé
Sur un oranger
Il s'est appuyé
Sur un oranger
Sur un o
À la volette
Sur un o
À la volette
Sur un oranger

La branche a cassé
L'oiseau t'a tombé
La branche a cassé
L'oiseau t'a tombé
L'oiseau t'a
À la volette
L'oiseau t'a
À la volette
L'oiseau t'a tombé

Mon petit oiseau
Où t'es-tu blessé ?
Mon petit oiseau
Où t'es-tu blessé ?
Où t'es-tu
À la volette
Où t'es-tu
À la volette
Où t'es-tu blessé ?

Je m'suis cassé l'aile
Et tordu le pied
Je m'suis cassé l'aile
Et tordu le pied
Et tordu
À la volette
Et tordu
À la volette
Et tordu le pied

Mon petit oiseau
Veux-tu te soigner ?
Mon petit oiseau
Veux-tu te soigner ?
Veux-tu te
À la volette
Veux-tu te
À la volette
Veux-tu te soigner ?

Je veux me soigner
Et me marier
Je veux me soigner
Et me marier
Et me ma,
à la volette
Et me ma,
à la volette
Et me marier

Le petit Indien qui n'osait pas regarder les nuages

À quelques chevauchées de la rivière Missouri, un petit Indien essaie de se faire aussi petit qu'une fourmi. Il est si timide qu'il n'ose pas regarder les nuages sans se cacher derrière ses plumes. Il a si peur de déranger qu'il fait attention à ne pas trop bousculer la poussière quand il marche. Même son ombre se fait riquiqui… Dans sa tribu, on l'appelle Ombre-Fluette.

À l'école, Ombre-Fluette reste toujours seul dans son coin. Mais aujourd'hui, une nouvelle élève s'approche de lui.
« Coucou ! lui dit-elle. Je m'appelle Wakanda.
Je peux m'asseoir à côté de toi ? »
Ombre-Fluette essaie de bafouiller un « oui », mais il n'y arrive pas ! Si seulement il était moins timide...

Plus tard, pendant la récréation, la petite Indienne tisse un bracelet coloré. Caché en haut d'un arbre, Ombre-Fluette l'observe. Un groupe d'élèves de la classe s'approche d'elle et tous rient ! Ça alors ! Wakanda n'est là que depuis quelques heures et elle a déjà plus d'amis que lui ! Au moment de descendre de son arbre, il est si troublé qu'il oublie de prendre appui sur une branche. Patatras ! Il tombe à quelques pas de Wakanda !
« Tu ne t'es pas fait mal ? » demande la petite Indienne en l'aidant à se relever.
Ombre-Fluette rougit comme une pivoine et, sans dire un mot, il retourne s'asseoir en classe.

Mais le soir venu, il n'arrive pas à s'endormir.
Il s'en veut de ne pas avoir osé répondre à Wakanda.
Il ne lui a même pas dit « merci » ! Elle doit penser
qu'il est vraiment malpoli !
Soudain, il remarque dans la plaine des fleurs
immenses. Tiens, elles seraient idéales pour
se cacher ! Puis il a une idée : avec un immense
bouquet, il pourra se faire pardonner...
et Wakanda ne le verra pas !

Le lendemain, caché derrière les fleurs de son bouquet, Ombre-Fluette s'approche de Wakanda :
« Merci pour hier, quand tu m'as aidé… murmure-t-il. Je suis désolé de ne pas t'avoir parlé plus tôt, je suis timide…
– Ce n'est pas grave ! répond Wakanda en lui faisant un clin d'œil. Moi aussi, je suis timide !
Mais chut ! C'est un secret ! »
Ça alors ! Wakanda est comme lui ! Maintenant qu'il se sent compris, le petit Indien propose à Wakanda de s'asseoir à côté de lui. Et puis, sa nouvelle amie pourra peut-être l'aider à se trouver un nouveau nom, car bientôt, lui aussi, il vaincra sa timidité ! Il s'appellera Petit-Soleil, et lui aussi osera regarder les nuages…

N° d'édition : 16137
Achevé d'imprimer en août 2016 par Neografia, en Slovaquie
Dépôt légal : octobre 2016